AIDE-TOI
LE CIEL T'AIDERA

ÉTUDE

SUR LES

APPAREILS DE SAUVETAGE

MARSEILLE

TYPOGRAPHIE ET LITHOGRAPHIE MARIUS OLIVE

RUE SAINTE, 39.

—

1876

AIDE-TOI

LE CIEL T'AIDERA

ÉTUDE

SUR LES

APPAREILS DE SAUVETAGE

MARSEILLE

TYPOGRAPHIE ET LITHOGRAPHIE MARIUS OLIVE

RUE SAINTE, 39.

1876

A la première alarme, l'équipage et quatorze passagers s'étaient réfugiés à l'arrière.

On mit à la mer les deux embarcations du navire ; mais la première, commandée par le chef pilote, fut envahie tumultueusement par tous les passagers, parmi lesquels se trouvaient des femmes. La terreur était à son comble, il fut impossible d'observer aucun ordre et l'embarcation chavira dès la première minute.

Dans la seconde chaloupe prirent place le capitaine, le second pilote, trois matelots, le cusinier du bord et un élève de l'école polytechinique de Suède. Ces sept personnes, après avoir lutté plus de deux heures contre les lames, furent recueillies par le navire de commerce allemand *Anna*, à bord duquel elles furent hissées par les amarres qu'on leur jeta.

Quand au navire incendié, il a été rencontré à onze heures du matin, brûlant encore en pleine mer.

Dans le *Petit Moniteur* du 2 novembre 1875, on lisait encore :

Il y a deux jours, la chaloupe l'*Oiseau-Bleu*, rentrant de la pêche à la crevette, au Chalut, a chaviré sans voiles, *à mille mètres* environ des estacades de Trouville et a sombré immédiatement engloutissant avec elle les deux marins qui la montaient. Tous deux laissent veuve et enfants.

Ces faits sont récents. Rappelons, en passant, quelques-uns des principaux sinistres maritimes qui les ont précédés et ont le plus vivement excité l'émotion publique :

La *Ville-du-Havre* fait naufrage ; des centaines de personnes sont jetées à la mer ; une catastrophe épouvantable en est le résultat ;

Le *Schiller* sombre ;

Paris-Port-de-Mer se perd ;

Cinq prêtres excursionnistes se noient près de Saint-Malo.

Quelques jours plus tard, des jeunes gens en partie de plaisir sur la Marne, près Joinville, ont le même sort ;

Hier, dix personnes embarquées sur un frêle esquif périssent au milieu d'un étang ;

Puis, c'est *Duruof* qui ne doit son salut qu'à la présence providentielle sur le lieu de sa chûte d'un bateau de pêche ;

La Loire, le Rhône, la Garonne débordent ; tout est ravagé sur leur passage ; Orléans est envahi ! Lyon submergé ! Toulouse englouti ! des milliers de familles sont noyées ; les dévouements sont paralysés, le flot est trop furieux pour pouvoir le braver sans danger ; mille bras se tendent vers les victimes, mais pas un moyen ne s'offre pour voler à leur secours : tous les cœurs voudraient se dévouer s'il leur était permis d'avoir une seule chance de salut ; les radeaux sont brisés ; les barques de sauvetage immergées ; les volontés les plus énergiques faiblissent ; les courages les plus audacieux échouent ; les sauveteurs eux-mêmes périssent ; le marquis d'*Hautpoul* est victime de son dévouement. Et tout cela parce que l'homme est impuissant à lutter seul contre le tourbillon et que les moyens qu'il possède pour s'aider sont eux-mêmes insuffisants. Donnez à chacun de ces hommes qui maudissent leur inaction et se désespèrent de ne pouvoir voler au secours de leurs semblables un engin qui puisse leur donner un espoir de salut ; puis comptez les victimes qu'ils auront arrachées à une mort certaine ! Le nombre en sera grand.

Encore ne parlons-nous ici que de quelques-unes de ces terribles catastrophes qui soudainement viennent frapper le monde d'épouvante ! Mais combien longue serait la funèbre liste que l'on pourrait dresser de tous les sinistres qui ont eu la mer pour théâtre, de tous les drames épouvantables et terrifiants qui se sont accomplis sur l'eau ou qui l'ont eue pour cause.

II

De la nécessité d'un appareil de sauvetage.

De ce qui précède on peut facilement conclure que la nécessité absolue de l'invention d'un engin de sauvetage pratique
se fait de plus en plus vivement sentir. Le danger augmente en
raison directe de l'extension donnée à la navigation, il est donc
rigoureusement de toute utilité que les moyens de préservation
croissent dans la même proportion. Combien de deuils seraient
évités, si le marin au milieu d'un naufrage, l'aéronaute préci-
pité dans les mers, le canotier immergé par une fausse manœuvre, le cultivateur surpris par une inondation, pouvaient
revêtir instantanément un appareil simple mais solide, qui
leur permît de lutter efficacement et sans fatigue contre les
flots et d'arriver, par son moyen, jusqu'à la terre ferme, ou
tout au moins d'attendre sans danger, pendant plusieurs heures
un secours nécessaire.

Et cet engin découvert faut-il s'arrêter à la simple spécula-
tion? Non. Les considérations les plus sérieuses, les plus
graves, la prévoyance la plus élémentaire engagent non—seulement la marine, l'armée, nos grandes administrations, nos
grandes compagnies maritimes et fluviales à posséder de bons
et pratiques appareils de sauvetage, mais aussi tous ceux qui, à

quelque titre que ce soit, font naviguer, naviguent, vont à l'eau ou sur l'eau.

Ne serait-il pas également désirable que les familles riveraines de nos fleuves et de nos grands cours d'eau prissent la sage mesure d'avoir chez elles les moyens de se sauver en cas d'inondation ? On se rappelle encore l'immense calamité qui a frappé le midi de la France, les 23 et 24 juin 1875. Combien d'existences sauvées si les familles menacées puis atteintes eussent pris la précaution de se munir d'engins de sauvetage !

Un appareil de cette nature n'est pas seulement utile à ceux qui ne savent pas nager. Que pourra faire le nageur le mieux exercé au milieu d'une tempête, dans le tourbillon d'une inondation, s'il n'est aidé par un appareil qui puisse le protéger contre les chocs et lui donner la facilité de vaincre la rapidité d'un courant ou de s'y laisser aller sans danger ? Ses forces ne s'épuiseront-elles pas promptement, si elles ne sont soutenues par un secours auxiliaire qui les double, les triple et qui en facilitant les mouvements et en évitant la fatigue laisse encore à l'esprit, au milieu du péril, cette confiance si nécessaire qui ne peut naitre que d'un appui certain ?

Le sauveteur ne pourra-t-il pas, lui aussi, exercer sur une plus grande échelle et surtout plus efficacement sa noble mission s'il lui est possible de se charger, sans fatigue, d'un fardeau humain ou d'objets précieux ?

Nul ne saurait donc nier l'utilité absolue pour tous, de se munir d'un engin de sauvetage qui, en cas de danger, devient un objet de première nécessité.

III.

Des conditions que doit remplir un bon appareil de sauvetage.

Après avoir démontré, d'une manière irréfutable, croyons-nous, la nécessité et l'utilité d'un engin de sauvetage, nous allons indiquer les qualités qu'il doit posséder pour rendre de réels services.

Pour qu'un appareil de sauvetage soit réellement efficace, il faut qu'il remplisse plusieurs conditions essentielles :

1° Qu'il soit de construction solide sans être encombrant ;

2° Qu'il se revête sans embarras et instantanément ;

3° Qu'il laisse à la respiration et aux mouvements du corps toute leur liberté :

4° Qu'il fasse émerger le corps en lui donnant naturellement une position verticale et légèrement inclinée en arrière, et qu'il permette néanmoins de prendre toutes les autres positions désirables ;

5° Qu'il facilite et augmente la rapidité de la natation ;

6° Qu'il serve aussi bien à l'homme inexpérimenté dans l'art natatoire qu'à celui qui sait nager :

7° Qu'il soit flexible et se prête à tous les mouvements du corps pour nager, ramer ou exécuter une manœuvre ;

8° Que son système d'attache soit simple et résistant ;

9° Qu'il puisse, à l'occasion, préserver des chocs celui qui l'a revêtu ;

10° Que, heurté ou même avarié pendant le sauvetage, il conserve quand même ses propriétés ;

11° Que sa confection soit telle que les chances de réparations deviennent peu nombreuses et surtout facilement exécutables ;

12° Qu'il puisse, sans atteinte, subir un assez long séjour dans l'eau ;

13° Enfin que son prix de revient soit à la portée de tous.

IV.

Aperçu sur les divers engins de sauvetage connus jusqu'à ce jour.

La plupart des appareils de sauvetage que l'on possède remplissent-ils ces conditions ?

Nous n'hésitons pas à répondre : *Non*.

En effet, les uns ne sont autre chose qu'un assemblage plus ou moins heureux de plaques ou de morceaux de liège raides, mal disposés, lourds et embarrassants, se revêtant difficilement, laissant le corps exposé à tous les heurts et le gênant dans ses mouvements.

Que dirons-nous de tous ceux dans la confection desquels le caoutchouc est l'élément principal ?

Si les premiers sont défectueux, les seconds sont mauvais, dangereux même.

Plus compliqués encore que ceux à base de liège, ils sont longs à préparer et à revêtir. Il faut insuffler de l'air dans les boyaux, chambres ou boudins ; s'assurer qu'il n'y a aucune fissure ; que les organes qui ferment les récipients à air sont tous hermétiquement adaptés et fonctionnent bien, etc., etc.

Et toutes ces précautions prises pourra-t-on avec confiance se jeter à l'eau ?

Qu'un naufragé revêtu d'un pareil engin soit lancé contre une pierre, une épave, un roc ; qu'une simple fissure à la surface, si imperceptible que l'on voudra, soit le résultat inévitable de ce choc, aussitôt l'air s'échappe, le caoutchouc se déchire et se dégonfle, et l'appareil, non seulement n'a plus aucune vertu, mais devient au contraire un vêtement embarrassant qui hâte la perte de celui qu'il devait sauver.

Ces appareils ne peuvent se conserver sans avaries. Par la dessication, le caoutchouc durcit, se colle et, au moment où l'on veut se servir de l'engin, il se déchire ou s'écaille.

Enfin, ils ne sont guère réparables et coûtent généralement fort cher.

D'autres appareils sont composés de boyaux ou chambres confectionnés en tissus très serrés et même imperméables ; mais le principe sur lequel ils reposent est en somme le même que pour les précédents, par suite ils présentent les mêmes inconvénients et aussi bien qu'eux doivent être condamnés par les gens pratiques et soucieux de leur sécurité.

S'il est donc vrai que tous les engins de sauvetage connus jusqu'à ce jour ne peuvent remplir les conditions indispensables que nous avons indiquées plus haut, nous sommes tous intéressés à voir résoudre ce problème :

Trouver un bon et pratique appareil nautique et de sauvetage.

C'est cette pensée qui nous a déterminé à dire quelques mots de l'invention que nous allons décrire, afin d'en vulgariser la connaissance et d'en propager l'emploi.

V.

De la Ceinture et du matelas de sauvetage inventés par M. Gay-Hilaire, de Marseille.

PARAGRAPHE PREMIER

DESCRIPTION DE CES APPAREILS

A diverses reprises, pendant l'année 1874, la marine de l'Etat a fait de nombreuses expériences d'une ceinture de sau - vetage dûe à M. Gay-Hilaire, de Marseille.

Cet appareil est de la dernière simplicité et, nous pouvons le dire, remplit toutes les conditions désirables.

M. Gay a songé à tout; il a tout prévu.

Ne s'arrêtant pas à la seule confection d'une ceinture, il a imaginé pour le service plus particulier de la Marine, un matelas sauveteur pouvant servir de couchette pendant le sommeil et d'engin de sauvetage au moment du danger.

Une description succincte de ces deux appareils est nécessaire pour en faire apprécier toute l'économie.

DESCRIPTION DE LA CEINTURE DE SAUVETAGE GAY-HILAIRE.

Confectionnée en liége et en toile de cretonne ou de lin très-résistante, la ceinture Gay mesure $0^m 35$ cent. de hauteur sur

1^m 30 cent. de longueur. Elle est composée de seize ou de dix-huit demi-cylindres ogivaux de 0^m 07 cent. de diamètre, formés de copeaux de liège refoulés à l'aide d'une machine à haute pression de la force de six chevaux. Six de ces demi-cylindres, terminés à leur partie supérieure en biseau, sont placés par groupe de trois sous les bras ; les douze autres recouvrent la poitrine et les reins. Chaque demi-cylindre est renfermé dans une première enveloppe, solidement cousue par une double chaîne ; cette enveloppe, faite de cretonne ou de toile de lin, est rendue imperméable au moyen d'un procédé chimique qui a l'avantage, non-seulement de paralyser mais encore d'empêcher d'une façon complète la fermentation du tissu et par suite de lui conserver toute sa ténuité. Les demi-cylindres, distancés les uns des autres par un intervalle d'un centimètre sont réunis entre eux par une seconde enveloppe à laquelle ils sont rendus adhérents à l'aide d'une piqûre à point carrés qui les longe dans toute leur étendue et de chaque côté.

Le système d'attache est formé de deux lanières faites de plusieurs doubles de la toile employée à la confection de la ceinture. L'une de ces lanières de 0^m 48 cent. de longueur est très solidement fixée sur le milieu de l'extrémité gauche, par six piqûres réparties sur une longueur de 0^m 10 et est maintenue encore par deux autres petites lanières fabriquées dans les mêmes conditions, partant des demi-distances libres du même côté et reliées obliquement à la première par de solides coutures. La deuxième de 0^m 75, placée immédiatement après l'échancrure destinée à laisser libre les mouvements du bras gauche, est aussi retenue sur une longueur de 0^m 10 par un nombre suffisant de coutures. Chacune de ces lanières est munie de trois boutonnières destinées à faire face aux exigences du plus ou moins de développement ou d'embonpoint de la personne qui aurait à faire usage de l'appareil

La première lanière est destinée à maintenir la ceinture autour du corps ; la seconde, à l'empêcher de descendre en entourant le cou.

Enfin, trois olives en bois, attachées dans les meilleures conditions, sont placées dans les intervalles des quatre demi-cylindres ogivaux qui couvrent la poitrine et sont destinées à retenir l'appareil autour du corps, par le moyen des boutonnières pratiquées dans la lanière de gauche ; une quatrième olive reçoit la lanière qui entoure le col.

La ceinture est bordée tout autour avec soin, en recouvrement d'un centimètre ; son poids est de 2 kilog.

Les expériences ont démontré que, chargée d'un poids spécifique de 6 kil. 700, elle reste à fleur d'eau ; par suite, elle peut aider au sauvetage de trois hommes ; chacun sait, en effet, que le poids spécifique de l'homme dans l'eau est de 2 kil. environ.

DESCRIPTION DU MATELAS SAUVETEUR GAY-HILAIRE.

Le matelas sauveteur Gay est également formé de demi-cylindres ogivaux en copeaux de liége refoulés de 0^m 07 de diamètre, et est confectionné dans les mêmes conditions que la ceinture.

Il diffère de celle-ci en ce que ses proportions sont plus grandes, et qu'il est établi de telle sorte qu'il peut être employé à un double usage : il sert de couchette pendant la traversée, grâce à l'élasticité et à la disposition des demi-cylindres, et devient un engin de sauvetage plus puissant même que la ceinture au moment du danger.

Il mesure 0^m 52 de largeur sur 1^m 75 de longueur.

Le nombre des demi-cylindres est de 44, dont 6 sont placés par groupe de trois sous les bras.

Tous ces cylindres s'arrêtent de chaque côté, laissant entre eux un espace libre d'un centimètre au milieu du matelas, ce qui permet de le plier pour le paquetage plus facilement même que le matelas en crin.

Deux échancrures sont ménagées à la partie qui s'adapte sous les bras, afin de laisser la plus entière liberté aux mouvements que l'homme doit accomplir soit pour nager, soit pour ramer.

Le système d'attache se compose de trois lanières fabriquées absolument comme celles de la ceinture.

La première, de 0^m 48 de longueur est très-solidement fixée à la partie supérieure de l'extrémité gauche par six piqûres sur une longueur de 0^m 10 et est encore maintenue par deux autres petites lanières partant des demi-distances libres du même côté et reliées obliquement à la première. Elle sert à maintenir la ceinture autour du corps ;

La seconde, de 0^m 75, est placée entre les deux échancrures destinées à laisser libres les mouvements des bras. Elle entoure le col et empêche la ceinture de descendre le long du corps ;

Enfin, au milieu de l'extrémité droite est placée la troisième. Elle complète l'attache du matelas sur le corps de l'homme et sert à éviter les ballottements qui pourraient se produire, alors que l'on emploie le matelas comme ceinture de sauvetage.

Chacune de ces lanières est munie de trois boutonnières destinées à faire face aux exigences du plus ou moins de développement ou d'embonpoint de la personne qui voudrait faire usage de l'appareil.

Trois olives en bois, attachées dans les meilleures conditions, sont placées dans les intervalles des quatre demi-cylindres ogivaux qui couvrent la poitrine, et sont destinées à retenir l'appareil par le moyen des boutonnières pratiquées dans la lanière de gauche ; une quatrième olive reçoit la lanière qui entoure le col et une cinquième la lanière de l'extrémité droite.

Ainsi que la ceinture, le matelas est bordé tout autour avec soin, en recouvrement d'un centimètre.

Il pèse 3 kil. 600 environ.

Les expériences faites ont démontré que, chargé d'un poids spécifique de 9 kil., il reste à fleur d'eau ; par suite, il peut, avec facilité, supporter le chargement de quatre hommes, le poids spécifique de ''homme dans ''eau étant, comme nous l'avons déjà dit, de ' kil.

PARAGRAPHE II

DOCUMENTS OFFICIELS EN FAVEUR DES APPAREILS GAY-HILAIRE

Rapport de la Marine. — Rapport de la Société centrale de Sauvetage. — Appréciations des Instituts. — Certificat du docteur Fabre. — Opinion de la Presse française et étrangère.

On voit par ce qui précède, combien les appareils Gay sont simples et doivent avoir d'efficacité dans les divers cas de danger, puisqu'ils réunissent toutes les conditions exigées pour les engins de cette nature.

A propos des appareils de M. Gay, nous ne croyons pouvoir mieux faire que de citer certains documents officiels.

Parmi eux nous copions :

DÉCLARATION DE M. LE DOCTEUR FABRE

Je soussigné, docteur en médecine, Président honoraire de la Société des Sauveteurs de la ville de Rome, décoré de plusieurs médailles et de l'ordre Royal des Saints Maurice et Lazare, certifie avoir assisté à divers essais de la ceinture de sauvetage inventée par M. Gay.

Cette ceinture m'a paru la plus intelligemment faite de toutes celles que je connais. Facile à mettre, s'adaptant bien et rapidement, flexible et très maniable malgré son volume, elle rend insubmersible la personne qui en est revêtue.

Le nageur expérimenté, armé de cette ceinture, pourra, sans risque et sans périls pour lui, aider au sauvetage des inhabiles, et celui qui ne sait pas nager, soutenu à fleur d'eau, aura le temps d'attendre patiemment du secours, sans craindre d'être englouti.

En foi de ce, et sur la demande de M. Gay, j'ai délivré le présent certificat le vingt-septembre mil huit cent soixante-quatorze.

Signé : EUGÈNE FABRE.

39, Allées des Capucines.

EXTRAIT D'UN PROCÈS-VERBAL DE LA COMMISSION NOMMÉE PAR M. LE VICE-AMIRAL PRÉFET MARITIME A TOULON, A L'EFFET D'EXPÉRIMENTER LES CEINTURES DE SAUVETAGE PRÉSENTÉES PAR M. GAY-HILAIRE.

COMPOSITION DE LA COMMISSION :

MM.   CHARDONNEAU, Capitaine de frégate, *Président*.

RORERT, Lieutenant de vaisseau, Membre.

HUGUET   »   »

VANNUCCI, sous-commissaire,   »

Le cinq octobre mil huit cent soixante-quatorze, la Commission ci-dessus désignée a procédé aux expériences pratiques de la ceinture présentée par M. Gay.

Le Président de la Commission a fait connaitre que des expériences avaient déjà eu lieu, en sa présence et en celle de M. le Directeur des mouvements du port dans la darse de l'Horloge. Neanmoins la Commission a voulu se rendre compte de la manière dont fonctionnait la ceinture en eau agitée.

Pour celà elle s'est rendue en petite rade, par jolie brise de N. O et une mer clapoteuse. Elle a fait se jeter à l'eau deux hommes dont un savait nager et l'autre ne le savait pas. Le premier était muni d'une ceinture *Tisserand* et le second d'une ceinture *Gay*. Tous les deux se tenaient dans l'eau avec une égale facilité et pouvaient prendre, sans trop de peine, toutes les positions qui leur étaient demandées.

La commission a ensuite fait revêtir de la ceinture *Gay* l'homme qui savait nager, et celui-ci s'étant de nouveau jeté à la mer, la Commission a pu constater qu'il était beaucoup plus à son aise avec cette nouvelle ceinture qu'avec l'ancienne.

La ceinture *Tisserand*, en effet, gêne sous les aisselles et a l'inconvénient de remonter le long du corps, tandis que la ceinture *Gay*, plus légère, sangle beaucoup mieux les reins. . . . .
. . . .

Fait en double expédition à Toulon les jour, mois et an que dessus.

Extrait du rapport de la même Commission.

Après avoir examiné avec soin les ceintures qui lui ont été présentées par M. Gay, les avoir comparées avec les ceintures *Tisserand* déjà en usage dans la Marine, et les avoir expérimentées à la mer concurremment avec celles-ci, la Commission émet l'avis que le système employé par M. Gay constitue une amélioration notable.

La ceinture proposée est, en effet, plus légère que les autres, elle entoure le corps et lui sert de cuirasse, ce qui est d'un grand prix quand le naufragé se trouve au milieu des brisants. . . . .
. . . .

Fait en double expédition à Toulon, le 6 octobre 1874.

OPINION DE LA PRESSE FRANÇAISE ET ÉTRANGÈRE

Journal de Marseille des lundi et mardi, 2 juin 1874 :

Nous avons assisté samedi dernier à l'essai qui a été fait dans la baie des Catalans, d'un nouvel appareil de sauvetage dû à l'invention de M. Gay.

Cet appareil réunit toutes les conditions désirables ; **quatre secondes** suffisent pour le revêtir et il soutient parfaitement au-dessus de l'eau celui qui en est muni. Il est, en outre, une véritable cuirasse, et le naufragé qu'une mer furieuse jette violemment contre des rochers peut supporter le choc sans être gravement atteint.

Après les nombreux sinistres qui ont eu lieu en mer dans ces derniers temps, l'appareil de M. Gay nous sembe appelé à rendre les plus grands services et à être adopté par toutes les Compagnies maritimes qui ont souci du salut de leurs équipages et de leurs voyageurs.

L'*Egalité* du 2 juin 1874 :

Avant-hier ont eu lieu, aux bains de mer des Catalans, en présence de plusieurs personnes compétentes et de quelques membres de la presse locale, les essais d'un nouvel appareil nautique de sauvetage dont M. Gay est l'inventeur.

C'est une sorte de ceinture de liège recouvert de toile très-large qui prend l'homme depuis les aisselles jusqu'aux reins et le soutient parfaitement au-dessus des flots, lui laissant la tête bien au-dehors. Un de nos amis qui l'a revêtu nous affirme que c'est l'appareil de natation le plus commode qu'il ait mis, et les **médecins de leur côté le donnent pour l'instrument de sauvetage le plus sûr.** Cependant l'inventeur compte encore apporter à son système quelques légères modifications au moyen desquelles cet appareil sera parfait.

Un avantage très notable de cette ceinture, c'est qu'elle protège admirablement la poitrine contre les coups si à redouter dans un naufrage fait aux abords d'une côte hérissée d'écueils et de rochers pleins d'aspérités. En outre, elle se revêt en moins de six secondes, autre utilité que tout le monde appréciera.

Enfin, non-seulement l'appareil de M. Gay est indispensable aux personnes qui voyagent sur mer, mais encore il est agréable et commode pour celles qui, profitant des chaleurs de l'été, veulent apprendre à nager. Les grandes compagnies maritimes, ainsi que les établissements de bains, feront donc bien de s'en pourvoir.

Gazette du Midi du 3 Juin 1874 :

Il y a longtemps que l'homme cherche le louable moyen de venir en aide à son semblable surpris par un naufrage et inexpérimenté dans l'art de la natation. Bien qu'en apparence facile à résoudre, le problème n'en est pas moins des plus compliqués. Pour répondre à tous les besoins de son emploi il faut, en effet, qu'une ceinture de sauvetage soit à la fois solide, légère, aussi aisée à mettre sur les vêtements que sur le corps, qu'elle ne gêne pas les mouvements des membres, qu'elle facilite la position horizontale de l'individu, qui est l'attitude habituelle du nageur, sans être un obstacle à la position verticale, qui est la plus propice pour le repos et pour le sauvetage d'un naufragé.

L'appareil inventé par M. Gay réunit, à notre avis, la plupart de ces qualités. Il consiste en une large ceinture de toile, longitudinalement traversée par des plaques de liége et enveloppant la poitrine comme une cuirasse. L'expérience faite samedi dernier, aux bains des Catalans, devant une réunion de praticiens et d'amateurs, a donné les meilleurs résultats. Nul doute qu'après les légères modifications de détail proposées, la ceinture de sauvetage de M. Gay ne devienne sous peu d'un usage général dans la marine, et que le nom de son inventeur n'aille bientôt prendre place parmi les bienfaiteurs de l'humanité.

Petit Marseillais du 26 Août 1874 :

Hier soir, de nouvelles expériences ont été faites de la ceinture de sauvetage inventée par M. Gay, dont nous avons déjà parlé. Une promenade en mer a eu lieu de 5 à 6 heures du soir sur un petit vapeur affrété pour la circonstance ; on a jeté l'ancre dans la baie de Saint-Estève, aux îles.

Parmi les assistants on remarquait M. le **général Espivent de la Villesboisnet**, commandant le 15ᵐᵉ corps d'armée, M. le **vicomte Valéry** et divers représentants de la presse locale.

Les expériences ont parfaitement réussi.

Gazette du Midi du 27 Août 1874 :

Il y a quelques mois, nous entretenions nos lecteurs d'une ceinture de sauvetage inventée par M. Gay, notre compatriote, expérimentée avec succès aux bains des Catalans. Une nouvelle épreuve, dans laquelle on avait à apprécier les divers perfectionnements apportés à l'appareil par l'inventeur, a été tentée, hier, en pleine mer, devant un nombreux concours de marins, négociants, armateurs et invités, parmi lesquels se trouvaient M. le **général Espivent** et plusieurs représentants de la presse locale. L'expérience faite sur différents sujets, dont quelques-uns **ignoraient complètement l'art de la natation** a donné pour les uns et pour les autres les meilleurs résultats. Le problème si longtemps cherché d'un appareil destiné à sauvegarder la vie de l'homme dans les catastrophes maritimes nous paraît aujourd'hui résolu. Comme solidité, fixité et commodité, la ceinture de sauvetage de M. Gay ne laisse rien à désirer : à notre avis, elle est aussi la plus praticable et par conséquent celle qui a le plus de chance à être sous peu d'un usage général dans notre marine.

Sentinelle du Midi du 20 Septembre 1874 :

CHRONIQUE MARITIME

Toulon. — On nous adresse la lettre suivante que nous nous empressons de publier :

Mon cher Rédacteur,

Depuis plusieurs mois, le *Journal de Marseille* et la *Gazette du Midi*, entretiennent leurs lecteurs d'un nouvel appareil de sauvetage dû au génie inventif de M. Gay, et, tout en donnant le compte-rendu « des expériences « faites dans la baie des Catalans et en pleine mer, en présence d'un « nombreux personnel de marins, négociants, armateurs et invités, parmi « lesquels se trouvaient M. le général Espivent et plusieurs représentants « de la presse locale, s'accordent tous à déclarer formellement que ce sys- « tème de sauvétage, plus résistant que tous ceux connus jusqu'ici, offre « aussi plus de solidité, de fixité, de commodité *d'enverguement* (passez- « moi ce mot purement maritime) et que, par la modicité de son prix, il « résout le grand problème, depuis si longtemps cherché, pour sauve- « garder la vie de l'homme dans les catastrophes maritimes ; enfin, ils « expriment l'avis que la ceinture de sauvetage de M. Gay ne laisse rien à « désirer, qu'elle est le moyen le plus sûr et le plus praticable dans un cas « pressé, puisqu'il ne faut que quatre secondes pour sans revêtir et que, « par conséquent, elle a le plus de chance d'être sous peu d'un usage « général dans les marines de l'Etat et du Commerce. »

Dans ma sincérité, je dois vous confesser que n'ayant, moi lecteur assidu de votre estimable journal, rien lu qui se rapportait aux expériences dont je viens de parler et me tenant d'ailleurs, à tort ou à raison, mais bien certainement par prudence, en garde contre toutes les innovations, je n'ai pas cru d'abord aux résultats que nous chantaient sur tous les tons et si haut, nos voisins les Marseillais.

Qu'ils me le pardonnent en faveur de ma bonne foi et de l'amende hono- rable que je viens leur faire en vous priant d'insérer cette lettre dans vos colonnes.

Or, je suis heureux de revenir sur ma prétention et de vous dire que j'ai, moi même, par le plus grand des hasards assisté, comme simple spectateur bien entendu, à une épreuve du système de sauvetage en question qui a eu lieu, prétend-on, sur la proposition de M. le commissaire aux approvisionnements, dans les eaux du quai de l'Horloge, à l'arsenal maritime, à Toulon, le 11 de ce mois, en présence de MM. **Vicary**, directeur des mouvements du port, **Chardonneau**, sous-directeur du même service, et de plusieurs officiers et employés appartenant à divers corps de la Marine, attirés sur ce point par un sentiment de curiosité facile à comprendre.

L'expérience a fourni les meilleurs résultats : deux marins, munis de l'appareil, se sont jetés à l'eau et sont immédiatement revenus à la surface, ayant toute la partie antérieure du corps hors de l'eau, et dans une position verticale. — C'est le cas de faire remarquer que l'un des deux marins ne savait absolument pas nager. Après cette première épreuve qui a duré vingt minutes environ, M. le directeur des mouvements du port, qui a bien voulu se charger à titre officieux de l'examen du système, a fait, m'a-t-on affirmé, **immerger**, en les chargeant d'un poids spécifique de **7 kil. 700**, les ceintures ayant été expérimentées, donnant l'ordre exprès de les tenir ainsi **pendant six jours** consécutifs. c'est-à-dire pendant six fois vingt-quatre heures **ou 144 heures**. Ce temps **expiré**, on doit, m'a-t-on dit, recommencer les essais et s'assurer ainsi qu'un homme pourrait, par ce moyen, demeurer sur l'eau, sans danger de couler, pendant une aussi longue durée. Enfin, si je suis bien informé, on a demandé à l'inventeur, M. Gay, un modèle de ceinture, fabriqué dans les mêmes conditions, mais ayant des dimensions telles qu'il pût se loger dans la poche sans fond du hamac des marins, de façon à occuper le moins de place possible à bord et à tenir lieu du matelas, dont le prix varie entre 15 et 20 fr., que cette poche est actuellement destinée à recevoir.

Si, comme on semble porté à le croire, l'appareil de M. Gay répond aux conditions que, dans sa sage économie et sa prévoyence, la Marine réclame, l'Etat trouvera assurément dans l'adoption de la ceinture Gay, un avantage multiple que les systèmes de Tisserand et de Mazard, actuellement en usage à bord des navires de guerre, ne sauraient lui offrir. Ainsi la ceinture de Tisserand coûte :

La première grandeur 19 fr. ; la deuxième grandeur 13 fr. 50 ; et celle de Mazard 30 fr. ; tandis que celle de Gay coûterait beaucoup moins cher, aurait l'avantage d'économiser la valeur du matelas et, en raison de son double usage, ne causerait aucun encombrement à bord.

Telles sont les réflexions, auxquelles je vous verrais avec grand plaisir et non moins grande reconnaissance, donner l'hospitalité dans votre journal, tout en vous engageant, dans l'intérêt de vos lecteurs, à les tenir au courànt des nouveaux essais, dont la ceinture de sauvetage de M. Gay sera l'objet et des décisions qui en résulteront.

Veuillez agréer, mon cher Rédacteur, l'assurance de mes meilleurs sentiments et de toute ma sympathie.   T. D.

A la suite des expériences de la marine, M. Gay apporta à ses appareils diverses modifications demandées et les soumit ensuite à de nombreuses et nouvelles épreuves.

Ici encore, nous nous bornerons à citer quelques extraits de la presse française et étrangère, au sujet du matelas sauveteur Gay et de la ceinture du même inventeur, comptes-rendus sur lesquels nous appellons toute l'attention de nos lecteurs.

Journal Officiel du 24 septembre 1875 :

Des expériences de sauvetage ont eu lieu ce matin à dix heures et demie dans l'école de natation du Pont-Royal. Il s'agissait d'expérimenter le matelas sauveteur et la ceinture de sauvetage et de natation, inventés par M. Gay-Hilaire, de Marseille.

Ces appareils avaient été expérimentés déjà dans la rade de Toulon, par une mer assez grosse devant une commission présidée par un capitaine de frégate, et la ceinture Gay-Hilaire avait été jugée préférable à la ceinture Tisserand adoptée par notre marine. Mais l'expérience d'aujourd'hui était surtout destinée au matelas, qui, aux essais de Toulon, n'offrait pas les perfectionnements qu'il a acquis depuis lors.

Ce matelas se compose de deux rangs de boudins en toile imperméable remplis de copeaux de liége comprimés par un piston à vapeur. Le tout est recouvert de toile n° 7 (toile de manche à vent ou de cacatois). L'imperméabilité en est parfaite, puisqu'à Toulon, après cent quarante-quatre heures passées sous l'eau, le liége n'était pas humecté. Le matelas se plie en deux dans le sens de la longueur pour se transformer en ceinture. Le liége en copeaux a une élasticité qui rend le matelas aussi moelleux que celui des hamacs de nos équipages. Le poids total est de trois kilogrammes.

A un signal donné, un **homme couché dans un hamac s'est levé,** en a retiré le matelas, l'a plié en ceinture, l'a revêtu et s'est jeté à l'eau, tout cela dans l'espace **d'une minute.**

Tout le haut du corps émergeait de l'eau. **Trois hommes sans appareils** se sont également jetés à l'eau et se sont **accrochés au sauveteur.** Ils étaient supportés parfaitement la tête et les épaules hors de l'eau. Le sauveteur, après un moment où il était resté également immobile, s'est mis à nager et a trainé assez facilement les trois hommes accrochés à lui. Ainsi cet appareil pourrait sauver de la mort jusqu'à quatre personnes.

L'expérience avait lieu en présence de M. Touboulic de Kerpen, lieutenant de vaisseau, officier d'ordonnance de M. le ministre de la marine, délégué officiellement; de M. Doré, administrateur de la Société centrale de sauvetage; d'un capitaine de sapeurs-pompiers, délégué par le colonel; des représentants de la presse parisienne, de la presse anglaise et de nombreux spectateurs.

M. de Linden, officier de la marine russe, aide de camp du prince Orloff, ambassadeur de Russie, n'est venu qu'après la première expérience. On en a fait faire une deuxième avec autant de succès.

Courrier de France du 25 septembre 1875 :

Expérience de sauvetage. — Des expériences de sauvetage ont eu lieu hier, à dix heures et demie, dans l'école de natation du Pont-Royal. Il s'agissait d'expérimenter le matelas sauveteur et la ceinture de sauvetage et de natation, inventés par M. Gay-Hilaire, de Marseille.

Ces appareils avaient été expérimentés déjà dans la rade de Toulon, par une mer assez grosse, devant une commission présidée par un capitaine de frégate, et la ceinture Gay-Hilaire avait été jugée préférable à la ceinture Tisserand adoptée par notre marine. Mais l'expérience d'aujourd'hui était surtout destinée au matelas, qui, aux essais de Toulon, n'offrait pas les perfectionnements qu'il a acquis depuis lors.

Ce matelas se compose de deux rangs de boudins, en toile imperméable, remplis de copeaux de liége comprimés par un piston à vapeur. Le tout est recouvert de toile n° 7 (toile de manche à vent ou de cacatois). L'imperméabilité en est parfaite, puisqu'à Toulon, après cent quarante-quatre heures passées sous l'eau, le liége n'était pas humecté.

Le matelas se plie en deux dans le sens de la longueur, pour se transformer en ceinture. Le liége en copeaux a une élasticité qui rend le matelas aussi moelleux que celui des hamacs de nos équipages Le poids total est de trois kilogrammes.

A un signal donné, un homme couché dans un hamac s'est levé, on a retiré le matelas, l'a plié en ceinture, l'a revêtu et s'est jeté à l'eau, tout cela dans l'espace d'une minute.

Tout le haut du corps émergeait de l'eau. Trois hommes sans appareils se sont également jetés à l'eau et se sont accrochés au sauveteur. Ils étaient supportés parfaitement la tête et les épaules hors de l'eau. Le sauveteur, après un moment où il était resté également immobile s'est mis à nager et a traîné assez facilement les trois hommes accrochés à lui. Ainsi cet appareil pourrait sauver de la mort jusqu'à quatre personnes.

L'expérience avait lieu en présence de M. Touboulic de Kerpen, lieutenant de vaisseau, officier d'ordonnance de M. le ministre de la marine, délégué officiellement ; de M. Doré, administrateur de la Société centrale de sauvetage ; d'un capitaine de sapeurs-pompiers, délégué par le colonel ; des représentants de la presse parisienne, et de la presse anglaise et de nombreux spectateurs.

M. de Linden, officier de la marine russe, aide de camp du prince Orloff, ambassadeur de Russie, n'est venu qu'après la première expérience. On en a fait faire une deuxième avec autant de succès.

Liberté du 25 septembre 1875 :

Expériences d'une ceinture et d'un matelas de sauvetage. — Des expériences sur une ceinture et un matelas de sauvetage ont eu lieu hier, 23 septembre, à dix heures du matin, au Pont-Royal, à l'établissement des bains. M. le lieutenant de vaisseau Touboulic ; M. Weynem, chef de bureau ; M. Pellerin, représentant le departement de la marine, assistaient à ces expériences, ainsi que l'administrateur-délégué de la Société centrale de sauvetage des naufragés ; M. le lieutenant de vaisseau russe Linden ; des délégués de la presse anglaise et de la presse de Paris.

Le matelas de sauvetage mérite d'appeler l'attention de toutes les personnes s'intéressant à la navigation. Comme pour la ceinture, le liége est la base de sa fabrication ; ce ne sont pas des morceaux de liége, ce sont des copeaux comprimés par la vapeur dans des toiles rendues imperméables, formant une sorte de boudin de 20 centimètres de long sur six de large. Tous ces boudins sont réunis dans une forte toile et séparés entre eux par une forte piqûre. Le matelas se replie sur lui-même et forme une véritable ceinture quand on le sort du hamac ; une double courroie en toile le maintient autour du corps. La ceinture de sauvetage grand modèle, plus haute et moins ample, est établie sur les mêmes principes.

On avait, dans l'établissement des bains, suspendu un hamac, et dans son double fond on avait glissé le matelas. Un homme y était couché. Au signal donné par le directeur de l'expérience, l'homme s'est levé et a mis une minute à s'entourer du matelas, opération qu'il faisait **pour la pre-**

mière fois; il s'est élancé dans l'eau et nous avons pu nous convaincre que cet homme supportait facilement deux personnes.

Ce matelas de sauvetage ainsi confectionné est selon nous, bien supérieur au matelas employé en Russie, formé avec des petits morceaux de liége, et qui n'est, en réalité, qu'un radeau ; avec une grosse mer l'homme peut être séparé de sa planche de salut. Le matelas-ceinture de M. Gay lui est sous tous les rapports bien préférable ; c'est un précieux appareil à mettre entre les mains des équipages et des passagers, et nous ne pouvons que recommander ce matelas et cette ceinture à l'attention du ministre de la marine et des grandes compagnies maritimes.

Petit Journal du 25 septembre 1875 :

LES ENGINS DE SAUVETAGE. — Nous avons assisté, hier, dans l'école de natation du Pont-Royal, aux expériences de sauvetage, dirigées par l'inventeur, M. Gay-Hilaire, de Marseille, et M. A. Gonard, son représentant à Paris.

Ces expériences, très intéressantes, étaient faites en présence de M. Touboulic de Kerpon, lieutenant de vaisseau, délégué du ministre de la marine ; de M. de Linden, officier de la marine russe, aide de camp du prince Orloff ; de M. le capitaine représentant le colonel des sapeurs-pompiers de Paris ; de M. Doré, administrateur de la Société centrale de sauvetage, etc., et de plusieurs membres de la presse.

A dix heures et demie, un homme muni d'une ceinture Gay s'est jeté à l'eau, et s'est soutenu fort longtemps sans faire le moindre mouvement, endossant le matelas sauveteur, il s'est maintenu sur l'eau pendant que **deux autres hommes** figurant des naufragés se **cramponnaient** à sa ceinture et qu'un **troisième** individu lui **montait sur les épaules.**

De sorte que ces trois hommes étaient maintenus par le quatrième muni de l'appareil sauveteur.

Cet appareil est composé d'une large bande de toile imperméable contenant une série de *boudins* rembourrés de minces copeaux de liège comprimé à la vapeur. Cette espèce de corset s'adapte en **une minute** autour du corps, et l'homme en danger est aussitôt préparé pour se sauver nonseulement lui-même, mais encore pour sauver les naufragés qui sont à sa portée.

Le matelas-sauveteur est du même système. Seulement il est nommé matelas, parce que, étant étendu, il peut remplacer les matelas ordinaires à bord des navires ; en effet, il n'est pas plus dur, grâce au liège élastique dont il est garni, que les matelas de troupe.

Bref, les expériences ont été très concluantes, et les inventeurs ont été chaleureusement félicités par les assistants et surtout par le délegué de M. le Ministre.

Nous pensons que cette heureuse innovation sera appelée à préserver d'une manière efficace la vie des marins et des voyageurs trop souvent exposés dans leurs voyages; M. Gay-Hilaire aura bien mérité de son pays.

Marc Constantin.

Petit National du 26 septembre 1875 :

> Je ne suis pas de ceux qui disent : Ce n'est rien ;
> C'est une femme qui se noie !

Qu'il s'agisse d'une femme ou d'un homme en danger de périr sous les eaux, la science, d'accord avec l'humanité, cherche des moyens d'empêcher d'être à jamais engloutis les naufragés submergés avec le navire qui les transportait; les malheureux qui tombent à la mer accidentellement ; enfin tous ceux que leur professsion, ou leurs affaires exposent, d'un jour à l'autre, à disparaître sous les flots.

Une nouvelle expérience de ce genre vient d'avoir lieu, hier, à l'Ecole de natation du Pont Royal.

L'inventeur de l'appareil, M Gay-Hilaire, de Marseille, avait déjà essayé avec succès son appareil entre Toulon et la Seyne ; il l'a perfectionné depuis, et les épreuves d'hier en ont démontré l'importance et l'efficacité.

Le liège en est la base.

Des copeaux de liège, comprimés par un piston à vapeur, remplissent un matelas du poids de 3 kilogrammes.

Il est fait de toile tellement imperméable, qu'à Saint-Mandrier, après un séjour de cent quarante-quatre heures sous les vagues, les copeaux de liège n'étaient pas humectés.

Ce qu'il y a de plus surprenant, c'est que le matelas peut se plier en deux et se métamorphoser en ceinture de sauvetage !

Un choc inattendu fait-il couler bas un batiment, comme nous n'en avons que trop d'exemples.

Les hublots sont brisés ; les lames pénètrent de toutes parts ; la câle est effondrée.

La mort est là.

Mais quelques minutes suffisent à l'équipage et aux passagers pour saisir dans les bastingages les matelas qui leur permettront de tenir la mer jusqu'à ce qu'ils puissent être recueillis par un vaisseau qu'ils hèlent, ou gagner une côte plus ou moins inconnue.

C'est la simplicité de l'appareil Gay-Hilaire qui en constitue la supériorité sur les appareils précédents.

Le ministre de la marine en a ordonné l'application, à titre d'essai, dans nos escadres.

Les ceintures de natation, toujours à base de liége, imaginées par M. Gay-Hilaire, pourraient être utilisées aussi avantageusement sur nos rivières qu'en pleine mer.

Ne voyons-nous pas chaque jour des canotiers et canotières qui font la culbute à Argenteuil ou à Champigny, à Asnières, à Suresnes ou Gravelle?

Même dans les écoles de natation de Paris se rencontrent des nageurs inexpérimentés qui font des plongeons subits, et à proximité desquels il ne serait pas inutile de placer une ceinture de sauvetage.

Question renvoyée à l'année prochaine, car en ce moment la saison est close.

Le Granvillais du 26 septembre 1875 :

Notre collaborateur et concitoyen M. S. de Saint-Planchez, délégué par les *Journaux officiels*, auxquels il appartient, pour assister aux expériences de sauvetages qui ont eu lieu le 23 courant, en a publié le compte-rendu suivant que nous nous empressons de reproduire parce qu'il intéresse tous les navigateurs.

Expériences de sauvetage. — Ces expériences ont eu lieu ce matin à dix heures et demie dans l'école de natation du Pont-Royal. Il s'agissait du matelas sauveteur et de la ceinture de sauvetage et de natation, inventés par M. Gay-Hilaire de Marseille.

Ces appareils avaient été expérimentés déjà dans la rade de Toulon, par une mer assez grosse, devant une commission présidée par un capitaine de frégate, et la ceinture Gay-Hilaire avait été jugée préférable à la ceinture Tisserand adoptée par notre marine. Mais l'expérience d'aujourd'hui était surtout destinée au matelas, qui, aux essais de Toulon, n'offrait pas les perfectionnements qu'il a acquis depuis lors.

Ce matelas se compose de deux rangs de boudins en toile imperméable remplis de copeaux de liège comprimés par un piston à vapeur. Le tout est recouvert de toile n° 7 (toile de manche à vent ou de cacatois). L'imperméabilité en est parfaite, puisqu'à Toulon, après cent quarante-quatre

heures passées sous l'eau, le liége n'était pas humecté. Le matelas se plie
en deux dans le sens de la longueur pour se transformer en ceinture. Le
liége en copeaux a une élasticité qui rend le matelas aussi moelleux que
celui des hamacs de nos équipages. Le poids total est de trois kilogrammes.

A un signal donné, un homme couché dans un hamac s'est lové, on a
retiré le matelas, l'a plié en ceinture, l'a revêtu et s'est jeté à l'eau, tout
cela dans l'espace d'une minute.

Tout le haut du corps émergeait de l'eau. Trois hommes sans appareils
se sont également jetés à l'eau et se sont accrochés au sauveteur. Ils étaient
supportés parfaitement la tête et les épaules hors de l'eau. Le sauveteur,
après un moment où il était resté également immobile, s'est mis à nager et
a traîné assez facilement les trois hommes accrochés à lui. Ainsi cet appareil pourrait sauver de la mort jusqu'à quatre personnes.

L'expérience avait eu lieu en présence de M. Touboulic de Kerpen,
lieutenant de vaisseau, officier d'ordonnance de M. le ministre de la marine, délégué officiellement ; de M. Doré, administrateur de la Société centrale de sauvetage ; d'un capitaine de sapeurs-pompiers, délégué par le
colonel ; des représentants de la presse parisienne, de la presse anglaise et
de nombreux spectateurs.

M. de Linden, officier de la marine russe, aide de camp du prince Orloff,
ambassadeur de Russie, n'est venu qu'après la première expérience. On
en a fait faire une deuxième avec autant de succès.

La ceinture de M. Gay-Hilaire peut supporter deux hommes. Elle ne
pèse que 1 kilo 500 grammes et ne gêne celui qui la revêt dans aucun de
ses mouvements.

Le prix de ces appareils est peu élevé : le matelas environ trente francs
et la ceinture treize francs cinquante centimes. Ils pourront certainement
durer plusieurs campagnes et sont susceptibles de réparations. Le ministre de la marine doit en ordonner l'application, à titre d'essai, sur nos escadres.

La marine anglaise et la marine russe sont munis de matelas de sauvetage analogues, mais d'un système moins ingénieux, puisque, dans un
sinistre, ils ne peuvent servir que de bouées. Néanmoins, l'équipage d'une
frégate russe leur a dû son salut.

Journal Officiel de l'Exposition maritime du 26 septembre
1875 :

Jeudi dernier, 23 septembre, à dix heures du matin, — en présence de
MM. de Kerpen, lieutenant de vaisseau, délégué du ministère de la mari-

ne, — de Linden, aide de camp du prince Orloff, ambassadeur de Russie,
— Doré, administrateur du Comité central de la société de sauvetage, —
ont eu lieu sur la Seine, à l'école de natation du Pont-Royal, à l'aide du
matelas sauveteur et de la *ceinture de sauvetage et de natation GAY*, diverses
expériences de sauvetage qui ont parfaitement réussi.

Le Bien Public du 30 septembre 1875 :

EXPOSITION INTERNATIONALE

Le matelas sauveteur. — Le 25 septembre, le *Bien public* publiait
une note sommaire, empruntée à une agence de renseignements, annon-
çant que des expériences avaient été faites, la veille, à l'établissement de
bains froids du Pont-Royal, avec le matelas et la ceinture de sauvetage
de M. Gay, et que ces expériences avaient parfaiment réussi.

MM. Touboulic de Kerpen, lieutenant de vaisseau, délégué par le ministère de la marine ; de Linden, officier de la marine russe, aide de camp
du prince Orloff; Camille Doré, administratieur de la Société Centrale de
Sauvetage ; un officier du corps des sapeurs-pompiers de Paris ; un petit
nombre de journalistes assistaient à ce premier essai.

Un maître nageur de l'école de natation n'ayant jamais vu l'appareil di-
rigé et renseigné, au moment de l'expérience, par M. Litardi, second maître de la marine, représentant de la Société Centrale de Sauvetage à l'Exposition, s'était couché dans le hamac suspendu et tendu le long du bassin.
Levé au commendement, il avait tiré le matelas du double fond du hamac,
l'avait plié, s'en était revêtu et s'était jeté à l'eau, exécutant, malgré sa
visible inexpérience, ces divers mouvements en moins d'une minute.

A la demande d'officiers supérieurs de la marine, les expériences se sont
renouvelées, hier, 27 septembre, dans la même école de natation, devant
une assistance beaucoup plus nombreuse. Plusieurs dames, M. de Beaufort, de la Société nationale de secours aux blessés de terre et de mer,
M. Delvigne de la Société Centrale de Sauvetage, M. O. de Tunis, sous-directeur aux affaires étrangères, un délégué du Prefet de la Seine, M.
Rogers, inventeur du système anglais de sauvetage, s'étaient joints aux
personnages officiels, aux hommes spéciaux, aux journalistes qui avaient
assisté à la première séance, et qui, tous, s'étaient exactement rendu à cette
seconde invitation.

Le matelas-sauveteur de M. Gay est formé de quarante-quatre boudins
réunis sur un fond de forte toile à voile. Ces boudins, d'une longueur égale
à la moitié de la largeur du matelas, s'allongent parallèlement, sur deux

rangées, en travers de celui-ci, à un centimètre de distance les uns des autres. Les intervalles sont remplis, entre les boudins, par une couture transversale, entre les deux rangées, par une couture longitudinale coupant verticalement la première et allant d'un bout du matelas à l'autre bout. Cette double disposition permet de plier le matelas en deux et de le rouler facilement lorsqu'il est retiré du hamac et que l'on veut soit le paqueter aux bastingages, soit le revêtir.

Les boudins sont en copeaux de liège, refoulés dans des tubes de toile imperméable, au moyen d'une machine à haute pression. Le liége ainsi préparé a plus d'élasticité et de souplesse que le liège en nature ; il se prête plus facilement aux formes qu'on veut lui donner, et il résiste mieux à l'action de l'eau.

A l'extérieur du matelas, la forme des boudins est arrondie ; ils ressortent en saillie comme les côtes d'un melon ; à l'intérieur, c'est-à-dire du côté sur lequel l'homme doit reposer, ils sont plats et leur ensemble constitue une couchette des plus supportables.

Le matelas, retiré du double fond du hamac, plié en deux, s'ajuste autour du corps comme un gilet de sauvetage. Il est rendu adhérent au moyen de trois lanières : l'une le suspend au cou ; la seconde, partant de l'une des extrémités du matelas et venant s'accrocher sur le devant, en passant au-dessous des bords inférieurs de l'appareil, assure son immobilité ; la troisième fixe l'autre extrémité du matelas et vient s'amarrer sur le devant, vis-à-vis de la seconde.

Dans la première expérience, les hommes représentant les naufragés, groupés autour de celui qui avait revêtu l'appareil, s'accrochaient, comme ils pouvaient, aux rebords du matelas. Sur l'observation de M. Touboulic, l'inventeur a fixé au bord supérieur de l'appareil un certain nombre de lignes, munies à l'extrémité restée libre, de petits cabillots en bois léger, flottant autour du matelas et pouvant facilement être saisis au milieu de l'eau, même par des gens affolés comme ceux qui se noient.

L'homme, ainsi entouré du matelas-sauveteur de M. Gay — ou de la ceinture qui ne diffère du matelas que par quelques détails secondaires de fabrication et de confection — s'il est seul, se maintient sur l'eau sans efforts, sans mouvements ; la moitié de son buste est émergée ; en cas de sinistre, il mourra peut-être de faim, n'étant pas secouru ; il ne sera pas noyé. La liberté de ses mouvements est entière, non seulement lorsqu'il est seul, mais avec trois hommes supendus autour de lui, accrochés aux cabillots ou aux rebords du matelas, comme on a pu le constater dans les expériences du 24 et du 27 septembre.

Dans ces deux essais, les hommes ainsi suspendus autour du maître nageur, ont tiré sur les lanières, sur le double du matelas, sans qu'il soit résulté, de leurs efforts, aucun déplacement, sans que le sauveteur ait été ébranlé ou incommodé par les plus fortes secousses.

L'appareil reste adhérent comme une cuirasse, dont il remplit l'office, si le naufragé vient à être roulé sur les rochers par la mer.

Les matelas de hamac actuellement en usage dans la marine sont en laine, mais en laine d'une espèce particulière, et affectant promptement, par l'usage, la forme et la dureté des coquilles de noix. Le but de M. Gay est de substituer le matelas-sauveteur au matelas actuel. M. Touboulic, voulant constater l'élasticité du premier, s'est couché dans le hamac, et cette élasticité lui a paru très satisfaisante, égale au moins à la mollesse des matelas de la marine, au moment où ils sortent pour la première fois des magasins.

Autant qu'il nous est permis d'en juger après les deux séances successives auxquelles nous avons assisté, l'appareil de M. Gay paraît réunir toutes les conditions de sécurité et de commodité recherchées dans les engins de sauvetage. Il est d'un usage facile, et, à la suite de quelques exercices préparatoires, les marins arriveraient certainement à le revêtir en quelques secondes ; il n'est pas encombrant, puisqu'il remplace un matelas d'un volume égal ; il ne surcharge pas le navire, son poids de trois kilogrammes étant inférieur au poids du plus mince matelas de hamac.

Des commandes ont été faites par le ministère de la marine pour les bâtiments de l'Etat, par M. Camille Doré pour quelques stations de la Société Centrale de Sauvetage, et des essais vont être tentés sur une échelle d'abord restreinte.

Dans l'intérêt des marins et des passagers, de tous ceux que leur profession ou leurs affaires forcent à s'embarquer, et qui sont sujets à périr dans un naufrage, il est à désirer que les essais pratiques aient le même résultat satisfaisant que les expériences de l'école de natation du Pont-Royal, et que l'usage du matelas sauveteur de M. Gay se généralise de plus en plus, non-seulement sur les navires de l'Etat, sur les bâtiments de commerce, sur les paquebots, dans les stations de sauvetage, mais encore dans les contrées exposées aux subites inondations, partout où l'eau, douce ou salée, peut mettre en danger la vie d'un homme.   FR. FAVRE.

L'*Evènement* du 9 Octobre 1875 :

Nous avons promis à nos lecteurs d'assister aux expériences que M. Gay devait faire, à l'école de natation du Pont-Royal, sur le matelas et la ceinture de sauvetage. Il y avait beaucoup de monde. Le ministre de la marine s'était fait représenter par l'un des officiers d'ordonnance, le lieutenant de vaisseau Courtivron. Les vice-amiraux Chopart, Pothuau, Paris ; le contre-amiral Lefebvre, des hauts employés du ministère étaient présents, et ont constaté *de visu* le complet succès de ces tentatives

M. de Montaignac va adopter ce matelas sauveteur pour la marine.

Le Bien Public du 9 Octobre 1875 :

Nouvelles expériences de sauvetage. — Avant-hier, 6 octobre, à midi et demi, de nouvelles expériences du matelas-sauveteur, de M. Gay-Hilaire, de Marseille, ont eu lieu à l'école de natation du Pont-Royal.

Les invités étaient beaucoup plus nombreux que dans les deux séances précédentes. Plusieurs officiers supérieurs de la marine ayant manifesté l'intention d'y assister, M. Gay et son représentant, M. Gonard, s'étaient empressés de se mettre à leur disposition.

On remarquait parmi les assistants : **les amiraux Pâris, Pothuau, Lefèvre. Choppart, Saisset, Duffaut, Laget, Serre ; les capitaines de vaisseau Trèves, Buret, Miot ; les capitaines de frégate Balezeaux, Méquet ; les lieutenants de vaisseau Touboulic, Delort, de Courtivron, officier d'ordonnance du ministre de la marine ; M. le baron de Lesseps ; MM. Camille Doré, Bloch, Roubet, de la Société centrale de sauvetage ;** Rogers, inventeur du canon-porte-amarres et de divers engins de sauvetage ; M. Dubois, inventeur d'un enduit hydrofuge applicable aux carènes des navires, exposant au Palais de l'Industrie, comme M. Rogers ; **M. Mancel, chef du bureau des équipages de la flotte ; MM. Derche, Luneau, Veynem, chefs de bureau au ministère de la marine ; M. Thibaut, sous-chef au même ministère ; M. d'Islère, ingénieur de la marine ; M. Segonne, intendant militaire,** et deux ou trois journalistes.

Le nombre et la qualité des personnes présentes montrent assez l'intérêt offert par ces expériences, qui ont eu, comme dans le deux essais antérieurs, un plein succès.

Au commandement, le maître nageur de l'école est parti chercher son hamac, placé sur une planche, plié et paqueté

comme aux bastingages, l'a revêtu et s'est jeté à l'eau, en cinquante-deux secondes.

A la suite des exercices que nous avons déjà décrits dans le numéro du *Bien Public* du 30 septembre, **le matelas a été déplié dans l'eau, et deux hommes se sont accrochés aux rebords comme a une bouée; le maître nageur l'a étendu en forme de radeau, il s'y est placé, couché sur le ventre et flottant comme une tortue qui ne serait soutenue que par son plastron**

Ces deux nouveaux usages du matelas sauveteur, improvisés au cours des expériences, et auquel l'inventeur n'avait pas songé, augmentent la série des services que l'appareil de M. Gay est destiné à rendre aux gens de mer.

Des expériences nouvelles vinrent bientôt confirmer la valeur des appréciations si rigoureusement justes que nous venons de citer. Cette fois elles eurent lieu en pleine mer à la pointe d'Auderville (Goury) dans le Raz Blanchard et dans la rade de Cherbourg.

La Société centrale de sauvetage des naufragés en rend compte dans les termes suivants :

EXPÉRIENCES DU MATELAS DE SAUVETAGE ET DE LA CEINTURE GAY FAITES A LA STATION DE GOURY

. . . .

Mardi, 12 courant, à 3 heures 15 minutes du soir, par une bonne brise N.-O., mer agitée, je me suis jeté à l'eau après m'être revêtu de la ceinture.

J'ai constaté d'abord que cette ceinture se revêtait avec beaucoup plus de rapidité et plus aisément que celle actuellement en usage dans nos stations ; elle prend mieux le corps et forme à l'avant et à l'arrière, comme sur les côtés, une sorte de cuirasse résistante et flexible.

Il est à remarquer que cet appareil, par la disposition de ses attaches est absolument adhérent et garantit tout le buste.

Le corps plongé dans l'eau sans faire aucun effort, reste dans la position verticale, légèrement incliné en arrière, émergeant jusqu'aux seins. Je nageais avec la plus grande facilité, ayant la pleine liberté de mes mouvements, et **surtout conservant ma respiration beaucoup plus libre qu'avec notre ceinture.**

Un fait très-appréciable est celui de la plus **grande facilité** avec laquelle on nage, la ceinture Gay par rapport à sa forme et à sa construction donnant moins de prise à la mer et conséquemment faisant moins de résistance que notre appareil. En cas de naufrage sur une côte, cet avantage est très-considérable, en ce sens qu'il permettrait **à un naufragé nageant contre le courant et le vent,** comme je l'ai fait moi-même d'aborder une plage **plus promptement et plus sûrement qu'avec notre ceinture.**

J'ai voulu me rendre compte d'une façon pratique de l'efficacité de la protection qu'offrirait la ceinture Gay aux naufragés qui seraient violemment jetés contre un obstacle, navire, épave ou rocher. A cet effet, je me suis **laissé heurter contre un petit roc et me suis aussi violemment jeté contre l'étrave d'un canot; de ces deux chocs, je n'ai ressenti aucun malaise, et la pierre n'a pas entamé les tissus extérieurs dont les boudins sont recouverts.**

L'appareil Gay est moins encombrant que notre ceinture, se prête mieux aux mouvements du corps, même hors de l'eau, aussi cela m'a-t-il permis **d'accomplir des manœuvres à bord d'une embarcation plus facilement qu'avec cette dernière, et surtout l'exercice de la rame.**

Aucune arête, aucune aspérité n'existant dans la forme ni dans la construction de l'appareil Gay, il sera plus facile de monter à bord d'un navire naufragé.

Un homme, un vieillard, ne sachant nullement nager, de forte corpulence et tout habillé comme pour aller à la mer, s'est jeté à l'eau et s'est accroché à un des cabillots qui ont été fort ingénieusement disposés sur les côtés de cette ceinture. Nos deux corps émergeaient jusqu'au-dessous des épaules ; j'ai pu l'entraîner sans aucune fatigue et avec une rapidité relativement sensible.

Un deuxième homme pesant 185 livres s'est également mis à l'eau revêtu comme le premier de lourds vêtements et de grosses chaussures ; tous deux se sont tenus à la ceinture, nos corps alors émergeant de l'eau jusqu'au-dessus des épaules. Dans cette position, j'ai nagé en traînant facilement les deux hommes. **J'ai surtout remarqué, de nouveau, cette liberté complète des mouvements et de la respiration que laisse cet appareil, et encore cette fois, j'ai pu constater la rapidité de la course natatoire.**

Enfin, après être resté 45 minutes dans l'eau, j'en suis sorti parfaitement dispos.

Les expériences ont eu lieu à l'aide de la ceinture n° 2 ; il est nécessaire que l'appareil destiné à la mer soit une ceinture n° 1, c'est-à-dire plus forte que celle dont je viens de faire usage.

Goury, le 12 octobre 1875.

Le-Secrétaire du Comité de Sauvetage,

Signé : LEHARDELAY.

EXTRAIT DU RAPPORT SUR LES EXPÉRIENCES DU MATELAS SAUVETEUR GAY, FAITES A CHERBOURG.

Aujourd'hui, 13 octobre, à midi et demi, je me suis rendu en rade de Cherbourg, à bord d'un remorqueur de l'Etat, que M. l'Amiral, Préfet maritime avait mis à notre disposition.

Six marins de la réserve m'ont accompagné dans le but de procéder aux essais qui ont eu lieu par une très forte brise de S.-E. mer très agitée.

A une heure, le signal ayant été donné, un homme complètement inexpérimenté est allé d'une extrémité à l'autre du navire pour y chercher le matelas qu'il a dû retirer du hamac dans lequel il avait été préalablement paqueté par le dit homme, s'est revêtu de l'appareil, et revenant à son point de départ, s'est jeté à l'eau, ces diverses opérations n'ayant demandé qu'une minute et demie.

Ce marin se tenait dans l'eau avec une très grande aisance et prenait facilement toutes les positions.

Les mêmes phénomènes avantageux que j'ai signalés dans mon rapport sur la ceinture se sont reproduits avec le matelas, c'est-à-dire : liberté entière des mouvements et de la respiration, soulagement du corps, flexibilité de l'appareil, garantie des chocs et des heurts, bonne position même dans l'immobilité, adhérence au buste, invariabilité dans la position du matelas.

Deux hommes tout habillés, comme le premier, se sont ensuite jetés à l'eau et sont venus s'accrocher après lui ; les corps émergeaient parfaitement, il aurait été facile d'accrocher un quatrième homme. Ayant fait nager le sauveteur, il a facilement entraîné, et sans fatigue apparente, suivant sa déclaration formelle, les deux autres hommes.

Passant à une autre expérience, on a placé le matelas avec une couverture dans le hamac, ce qui donnait un poids de 14 kilos ; alors un homme s'est laissé tomber à la mer ; un autre lui a lancé le hamac garni et paqueté il s'est jeté sur l'appareil ainsi chargé, s'y est placé sur le ventre, et tout

son corps demeurait entièrement hors de l'eau, puis, prenant diverses posi_
tions verticales et horizontales, il a pu, toujours soutenu comme par une
bouée puissante, dépaqueter le hamac, en extraire le matelas et se l'accrocher au cou, la partie intermédiaire de l'appareil lui garantissant naturellement toute la poitrine ; les deux extrémités du matelas flottaient de chaque
côté derrière, et auraient pu soutenir deux autres hommes qui n'auraient
eu qu'à s'y accrocher.

. . . .

Fait à Cherbourg, le 13 octobre 1875.

Le Secrétaire du Comité de Sauvetage de Gourg,
Signé : LEHARDELAY.

Le 26 octobre 1875, les mêmes expériences se renouvelaient
à Enghien en même temps qu'avaient lieu celles des appareils porte-amarres anglais et français. Voici ce que disait à ce
sujet le *Bien public* dans son numéro du 29 du même mois :

LES EXPÉRIENCES D'ENGHIEN. — Les expériences de sauvetage que nous
annoncions dans le numéro du *Bien public* du 19 octobre ont eu lieu avant-
hier, 26, sur le lac d'Enghien, et ont offert le plus grand intérêt.

Les membres de la section de sauvetage, les membres du jury, la presse
anglaise et la presse française avaient été invités, par M. Nicole, à y assister.

On remarquait, parmi les personnes présentes, **lord Lyons, ambassadeur d'Angleterre : le général de division Lhériller, le
général d'artillerie Malherbe** ; M. **Trêve, capitaine de vaisseau** ; M. **Roubet, capitaine de vaisseau, inspecteur de la
Société centrale de sauvetage** ; M. **Méquet, capitaine de
frégate** ; M. **Touboulic de Kerpen, lieutenant de vaisseau,**
plusieurs fois nommé dans nos précédents articles, et dont les utiles
conseils ont contribué au perfectionnement de quelques-uns des engins
expérimentés ; M. **Ragiot, lieutenant de vaisseau, inspecteur de
la Société centrale de sauvetage** ; M. de Linden, officier de la
marine militaire russe ; MM. **Cochery et Vandier,** députés à l'assem-
blée nationale ; M. **Camille Doré,** administrateur de la Société centrale
de sauvetage ; M. **Delvigne,** ancien officier, qui a inventé ou perfectionné
les engins de trait de la même société. M. **Bazin, l'habile ingénieur ;**
un grand nombre d'hommes spéciaux et d'exposants.

M. Gonard, représentant de M. Gay-Hilaire, de Marseille, sur l'invitation

— 38 —

dè quelques personnes, avait apporté le matelas et la ceinture de sauvetage
déjà expérimentés à Paris, à Cherbourg, et, en dernier lieu, à Goury, à la
pointe extrême du triangle formé par l'arrondissement de Cherbourg. Les
expériences du lac d'Enghien ont eu le même succès que celles de la Seine,
de la rade de Cherbourg et de la pointe de Goury. Elles ont présenté cette
particularité que l'homme qui s'est jeté à l'eau après avoir revêtu le matelas-sauveteur, ne savait pas nager.

Vers onze heures, un déjeuner, présidé par M. Cochery, offert par M.
Nicole, aux députés présents, aux membres de la Société de Sauvetage,
aux représentants de la presse anglaise et française, aux inventeurs et
propagateurs des engins de sauvetage qui allaient être expérimentés réunissait environ quarante personnes.

Dans le tome X, troisième fascicule, les *Annales de sauvetages
maritimes* s'expriment ainsi au sujet des engins Gay-Hilaire :

Depuis les sinistres qui ont si cruellement éprouvé une de nos grandes
compagnies maritimes, tous les hommes compétents se sont mis à l'œuvre
et ont cherché les appareils les plus simples, les plus pratiques pour permettre à un homme de se sauver, au moment d'un danger imprévu. Ces
travaux ont fait naître une grande quantité de ceintures de sauvetage,
variant dans leur forme mais n'offrant en réalité que des différences insignifiantes dans leur mode d'application. Tous ont pour base le liége ou le
caoutchouc.

Parmi ces appareils, le *natateur Gosselin*, dont nous avons donné la description dans nos précédentes *Annales*, nous a paru le plus solide et le plus
pratique ; mais ce genre de ceinture est naturellement destiné aux stations
balnéaires ; fait avec beaucoup de soin, mais encombrant, il devient un véritable vêtement qui a l'inconvénient de coûter fort cher et ne présentant
pas la garantie qu'il faut donner aux hommes qui vont s'exposer pour
aller sauver des marins en danger ; une piqûre, une déchirure peut l'annuler complètement.

A bord des paquebots, dans les stations de sauvetage, il faut la ceinture
en liége et, ici, la variété de forme est moins considérable. **Nous devons
cependant une mention spéciale à l'appareil Gay.** Cette ceinture est formée d'une réunion de boudins faits avec des rognures de liége
enfermées dans une étoffe imperméable ; une forte toile réunit tous ces
boudins qui ne sont séparés que par une solide piqûre ; le poids du liége
e t calculé pour que trois hommes puissent être soutenus par cet appareil ;
deux courroies à cabillots assujettissent autour du corps la **ceinture**

qui nous a paru plus souple que la ceinture Ward et laisser à l'homme une plus grande liberté de ses mouvements.

M. Gay, en se servant du même principe, a également créé un matelas de sauvetage, qui n'est en réalité qu'une grande ceinture se repliant par le milieu. Des expériences ont eu lieu au pont Royal, en présence de plusieurs officiers généraux de la marine et de M. le commandant Roubet, inspecteur de la Société centrale. **Un homme couché dans un hamac a mis moins d'une minute à retirer le matelas du hamac et à s'en revêtir.** Si un homme peut dormir sur ces rognures de liége qui offrent, du reste, assez d'élasticité, M. Gay aurait résolu par son matelas un problème important. **Sa ceinture, en ce moment expérimentée à la station de Goury, paraît du reste réunir les conditions exigées pour ses appareils, sans oublier le prix de revient qui pourrait être moins élevé que celui du grand modèle de la ceinture Ward.**

Enfin, voici l'opinion de la presse anglaise, *Journal Iron* (*le Fer*) n° 142, du 2 octobre 1875 :

TEXTE ANGLAIS	TRADUCTION
### MARITIME EXHIBITION	### EXPOSITION MARITIME
During the last few days I have assisted at some practical experiments, made in one of the wellknow swimming baths on the Seine, in order to attest the powers of the *appareil de sauvetage* of M. Gay-Hilaire, of Marseilles—a species of demonstration which, if systematically developed on a more extensive scale, would add greatly to the utility of the Exhibition. The patented apparatus thus submitted to exhaustive trial by its inventor comprised the Gay lifebelt and safety-mattrass ; and under the supervision of the agent, M. Gonard the uses and capabilities thereof were thoroughly exhibited and tested by M. François Courant—so to say,	Tout récemment j'ai assisté à des expériences faites dans une des Ecoles de natation de la Seine, dans le but de démontrer les qualités et les ressources que présentent les engins de sauvetage inventés par M. Gay-Hilaire, de Marseille. Ces essais pratiqués sur une grande échelle augmenteraient certainement l'utilité de l'exposition maritime elle-même.
	Les appareils d'ailleurs brevetés que l'inventeur a soumis à des expériences détaillées, consistent en une ceinture et un matelas de sauvetage. — Les épreuves ont été dirigées par M. Gonard, représentant de M. Gay, en présence d'une assistance aussi nombreuse que distinguée composée de dames, de représentants

the Parisian Professor Beckwith—
before a numerous and distinguished
company, among whom were not a
few ladies, besides official representatives, rival inventor of life-saving
apparatus, and, of course, the ubi-
quitous press. Among the officials
present may be noticed Commander
Touboulic de Kerpen, for the minister of Marine ; M. de l'Inden aide de
camp of Prince Orloff, who is an admiral of the Russian navy; the representatives of the Prefect of Police, the Prefect of the Seine, and the
Colonel of the Sapeurs Pompiers ;
M. de Beaufort, Président of the National Society of Aid to the Woun-
ded ; MM. Doré and Delvigne, of the
Central Society for Saving the
Wrecker, etc., etc.

The chief interest and value of
the illustration centred on the trials
made wich the Gay Safety Mattrass, which is unquestionably an
advance and improvement on eve-
rything of the kind hitherto brought
out, being—as was justly said by
an English inventor and exhbi-
tor who knows more than most
men on the subject of life-saving
—" a certain quantity of buoyant
material, employed and applied in
the best possible way." This mattras folds in two, longitudinally, for-
ming a double belt, with attach-
ments to fasten it to the person in
such wax that it cannot possibly be

officiels, d'inventeurs rivaux et de
délégués de la presse française et
étrangère.— L'emploi et l'utilité des
appareils ont été démontrés par M.
J. Courant, maître de natation des
écoles de Paris.— Assistaient encore aux expériences MM. Touboulic
de Kerpen, lieutenant de vaisseau
délégué par le ministre de la marine ;
de Linden aide-de-camp de l'Amiral
Prince Orloff de la marine russe ;
les délégués du Préfet de Police, du
Prefet de la Seine et du Colonel du
corps de Sapeurs-Pompiers de Paris;
M. de Beaufort, de la part de la Société nationale de secours aux blessés de terre et de mer ; MM. Camille Doré et Gustave Dlavigne de la
société centrale de sauvetage des
naufragés, etc., etc.

Le principal intérêt des démons-
trations a consisté surtout dans les
expériences faites avec le matelas
sauveteur de M. Gay. - Cet appareil
réalise sans contredit un perfectionnement notable sur toute invention
semblable connue jusqu'à ce jour,
étant, comme l'a défini avec raison
un inventeur et exposant anglais
d'une connaissance plus spéciale
que la plupart des hommes en ma-
tière de sauvetage : « une certaine
quantité de matériel flottant, employé et appliqué de la meilleure
façon possible. » — Ce matelas se
plie en deux longitudinalement, sous
forme de ceinture double, attachée
et rendue adhérente au corps au
moyen de bretelles et de lanières,de
telle sorte qu'il ne peut être déplacé.
Il est formé de deux rangées trans-

displaced. It is formed of a double row of *boudins*, or "sausage," made of cork cuttings tightly compressed by machinery within a waterpoof impermeable case, and the whole covered and incased in n° 7 canvas. The cork ribs are about 8 or 9 inches long by 3 inches wide, and half that thickness. The whole forms a mattras which is intended to be placed in every sailor's hammock, cot or berth, and makes a bed which, contrary to what might be expected, is elastic and easy to lie on. Its weight is 3 kilogrammes or about 6 1/2 lb., and it suffices to sustain in water the weight of four men, so as to save their lives, as was conclusivelly shown by the experiments on this occasion.

The celerity with which this valuable aid can be rendered available was shown by the fac that a man lying thereon in the hammock, on a given signal, drew out the Safety Mattrass, arranged and put it on, fastening it perfectly, and jumped into the water, all within the space of three quarters of a minute. Thus every one on board of a ship may have at immediate command, in case of accident, the means of enabling him or her to float without other aid in the water, even assisting others, and so to await the arrival of further aid, by ships and boats ; thus materially multiplying, the chances of safety, which, after

versales de boudins ou saucissons en copeaux de liége refoulés par une pression dans une enveloppe de toile imperméable : le tout recouvert dans une deuxième enveloppe de toile à voile n° 7. — Les boudins ont une longueur d'environ 8 à 9 pouces sur une largeur de 3 pouces et une épaisseur de 1 pouce 1/2. — Le tout forme un matelas destiné à être mis dans chaque hamac, cadre et couchette, formant un lit qui est, au contraire de ce que l'on aurait pu attendre, d'une assez grande élasticité et suffisamment moëlleux pour ceux qui s'y reposent. — Son poids est de 3 kilos (soit 6 livres 1/2), il peut soutenir sur l'eau et sauver d'une mort certaine 4 hommes ainsi que l'ont constaté les expériences faites.

La rapidité avec laquelle cet appareil précieux peut être revêtu pour venir en aide à des naufragés, a également été l'objet d'une démonstration. — Un homme couché sur le matelas dans un hamac, s'est levé à un signal donné, a retiré du hamac le matelas sauveteur, l'a ajusté, s'en est revêtu et s'est jeté à l'eau, tout cela dans le bref délai de 45 secondes.

Si chaque personne à bord d'un navire possédait un de ces appareils elle aurait le moyen, en cas de naufrage, non-seulement de se soutenir à fleur d'eau, sans aucune aide, mais encore de porter secours à ses semblables et de pouvoir ainsi attendre l'arrivée d'un navire ou d'une embarcation. Grâce à cet appareil' les chances de secours et de sauve-

all, is the ustmost that can certainly be attained, be the life-saving apparatus what it will.

Another important point in this appliance is that, as was also shown, the motions of the limbs, as in swimming, are entirely free and unfettered by the mattrass when thus used as a cincture; moreover, in case of wreck and being cast ashore, this appliance is calculated to afford great protection to the body, and mitigate the shock, if the wearer be thrown by the waves against a rock or beach; and should any one or more of the separate cork ribs be cut or damaged in any way by such collision, being independent, the cincture as a whole retains its buoyancy and life-saving power unimpaired. Neither is the efficiency of the apparatus deteriorated by immersion in water, as appears from the official reports of a naval commission at Toulon, who experimented on M. Gay's invention, and declared it to be superior to the similar appliances at present employed in the French service. Such was also the universal opinion of those present on this occasion. The price of the Gay-Hilaire Safety Mattrass is 30 fr. (24s.), and its efficiency renders it an invaluable, nay, indispensable, article in the outfit of ships and sailors; and its introduction and use in so essentially a maritime country as Great Britain,

tage sont multipliées, ce qui en somme, est le degré de perfectionnement le plus élevé qu'on puisse atteindre, quel que soit d'ailleurs l'engin de sauvetage.

Un autre avantage qui a aussi son importance, est que le matelas sauveteur employé comme ceinture ne gène nullement les mouvements de la natation, ainsi qu'on l'a constaté et laisse aux membres leur entière liberté. — En outre, dans le cas où le naufragé viendrait à être jeté par les vagues contre un rocher, le matelas sauveteur pourrait non-seulement diminuer la secousse, mais encore préserver le corps de toute blessure. S'il arrivait même que par la violence du choc un des boudins soit déchiré, l'appareil ne perdrait pas pour cela sa puissance comme engin de sauvetage.

Enfin un rapport officiel d'une commission d'officiers de marine qui a expérimenté l'invention de M. Gay-Hilaire à Toulon et l'a déclarée supérieure à tous les appareils employés jusqu'à ce jour dans la Marine Française, a constaté que le matelas sauveteur ne perd pas son efficacité par l'immersion. Tel a été aussi l'avis de l'assistance à l'occassion des expériences dont il s'agit.

Le prix du matelas sauveteur de M. Gay-Hilaire, est de 30 fr. et son utilité le rend d'une valeur inappréciable et même indispensable pour l'équipement des navires et marins. — L'emploi de cet appareil, dans un pays des plus maritimes, comme la Grande-Bretagne, présenterait un

would be a substantial benefit from every point of view, humanitarian and other. Its chief advantages arise from the folding lengthwise in half, the double capacity of employment, and the nature and arrangement of the materials used ; as the cork cuttings or shavings are inexpensive, much more soft and elastic, and at least as buoyant as, if not more so, than the solid cork which has hitherto been used in slabs of greater or less size. When such cases as the foundering of the *Wanguard* — although fortunately, through man-of-war discipline , all lives were saved in that instance - the *Northfleet*, the *Captain*, the *Schiller* and many other instances, are borne in mind, it must be obvious that the Safety Mattrass of M. Gay-Hilaire is an important contribution to the essential means of diminishing loss of life at sea.

avantage sérieux à tous les points de vue, non-seulement au point de vue de l'humanité, mais aussi à celui des intérêts matériels. La supériorité de cet ongin résulte de son double emploi comme ceinture de sauvetage et comme couchette à bord grâce à la couture centrale longitudinale qui permet de le plier en deux. Elle est encore augmentée par la nature et les dispositions des matières qui servent à sa confection. Les copeaux de liège, en effet, sont moins coûteux, plus moëlleux, plus élastiques et en même temps tout aussi légers sinon plus flottants que les plaques de lièges de grandeur variable dont on a fait usage jusqu'à ce jour.

Si l'on tient compte des sinistres récents, tels que celui du *Vauguard*, sombré en pleine mer (bien que heureusement, tout l'équipage ait été sauvé, grâce à la discipline qui règne sur un vaisseau de guerre), *Northfleet*, du *Capitain*, du *Schiller*, et de tant d'autres, on doit reconnaître que le matelas sauveteur de M. Gay-Hilaire, est une addition aux moyens nécessaires de sauvetage en mer d'une grande importance et d'une valeur incontestable.

Journal of the Society of Arts (de la Société des Arts)
du 1ᵉʳ Octobre 1875 :

<table>
<tr><td>TEXTE ANGLAIS</td><td>TRADUCTION</td></tr>
</table>

THE PARIS MARITIME EXHIBITION

L'EXPOSITION MARITIME A PARIS.

. . . .
. . . .
. . . .

The life-saving, apparatus, to which I have referred, constitute almost the most interesting feature of this exhibition, not only on account of their humanitarian objetcs and importance, but also because they are solely and peculiarly maritime and international in their character and aims.

Another class of appliances having a similar object comprises swimming and stoating dresses life-belts, cinctures and the like, which are here very well represented, and are of two kinds, viz., of india-rubber inflated with air, and of cork, covered or uncovered; such as the Nataleur Gosselin, the life-belt and safety mattress of M. Gay-Hilaire, the Boyton dress, Forster jacket, Goudie coat, and the cork life-belts, buoys, mattresses, etc., of Messrs. Rogers, Birt, the Royal Humane Society, Board of Trade, and French Société Centrale de Sauvetage des Naufragés.

Of these various apparatus and appared the general character is sufficiently well known to render parti-

. . . .

Parmi les engins et appareils de sauvetage, dont les détails sont assez connus pour qu'il soit inutile d'en donner une description détaillée, le triomphe de la nouveauté et de l'efficacité doit être accordé au matelas sauveteur de M. Gay de Marseille, breveté s. g. d. g., soumis récemment par l'inventeur à l'examen de la marine française et de la marine marchande. Une commission d'officiers supérieurs de la marine, nommée par l'Amiral, marquis de Montaignac, ministre de la marine et des Colonies, a soumis cet appareil à une série d'expériences pratiques à Toulon et elle lui a reconnu l'avantage d'être supérieur à tous les appareils de même nature employés en ce moment dans le service de la marine. Ce résultat s'est trouvé confirmé par des expériences analogues qui ont été organisées et effectuées, dans le courant de la semaine passée sur la Seine et auxquelles ont assisté des représentants officiels de divers

cular description needless ; but the palm of novelty and efficiency may perhaps be fairly awarded to the Gay safety mattress , which has been recently introduced to the notice of the French Maridne, and of seafaring interests, generally, by its inventor and patentee at Marseilles. A special commission of naval officers appointed by the Admiral Marquis de Montaignac, Minister of Marine and the Colonies, has subjected this appliance to a series of experimental trials at Toulon, and they award to it the merit of superiority over all the like means at present used in the service. This result has been confirmed by similar tests, organised and carried out on the River Seine during the past week, and attended by official representatives of various public departments, ministerial and other functionaries interested in the subject. M. Gay-Hilaire's mattress doubles up longitudinally so as to form a life-belt, which can be rapidly fastened on : it is adapted for use in the ordinary sailor's hammochs, etc., without inconvenience, being, neither hard nor inelastic ; and as the occupant, when suddenly aroused by any signal of alarm, can take out the safety mattress, and attach it as a cincture, within the time of one minute, and as, moreover, its buoyancy and powers of flotation are adequate to the support of three or four adults, while allowing perfect freedom to the movements of the wearer, there can be no doubt that this is a most

départements gouvernementaux, des fonctionnaires ministériels et d'autres personnes intéressées.

Le matelas sauveteur de M. Gay-Hilaire se plie en deux longitudinalement sous forme d'une ceinture dont on peut aisément se revêtir ; il peut-être employé à bord comme couchette par les marins, attendu qu'il ne manque ni d'élasticité, ni de mollesse. Celui qui s'y est couché, éveillé par un signal d'alarme, peut retirer le matelas sauveteur du fond du hamac et l'ajuster autour de son corps en ceinture, dans l'espace d'une minute; la puissance de flottaison est suffisante pour supporter 3 ou 4 hommes sur l'eau, tout en laissant au sauvetour la pleine liberté de ses mouvements. Il est donc incontestable que cet appareil constitue une addition précieuse aux moyens de sauvetage en cas de sinistre, soit en pleine mer, soit dans les eaux de l'intérieur. La construction et la disposition en sont telles que les copeaux de liége sont réunis en des boudins séparés et enveloppés dans de la toile imperméable de sorte que l'eau ne peut les atteindre. L'immersion ne peut d'ailleurs diminuer la puissance de l'appareil quand bien même un des boudins viendrait à être déchiré par un choc.

valuable addition to the means for saving life in all casualties on sea or inland waters. Being so constructed that the cork is in detached masses, contained within impermeable envelopes, and therefore impenetrable to wet, immersion or partial injury have no damaging effect on its serviceable character. The importance every individual member of a ship's crew and passengers having thus at hand an efficient and readily available means of adding to the chances of success and safety in a time of peril, can hardly be exaggerated; and records of recent maritime disasters are not wanting to make manifest the universal interest which all such inventions possess, not only for seafaring men, but for all members of every community.

On ne saurait trop faire ressortir l'utilité de cet engin qui, en cas de danger peut présenter à chacun des marins ou des passagers qui se trouvent à bord d'un navire un moyen facile et efficace de salut, en multipliant les chances de secours et de sauvetage. Les annales ne manquent pas de sinistres maritimes tout récents qui démontrent l'intérêt général que doivent accorder à une telle invention non-seulement les marins, mais aussi tous les membres de la société.

Le Jury de l'Exposition maritime de 1875, composé de :

MM. L'amiral Choppart, *Président*.

 Mequet, capitaine de frégate,   Membre.
 Gambar, lieutenant de vaisseau,   »
 Touboulic de Kerpen, »   »
 Fleuret, architecte ingénieur,   »

a décerné à M. Gay la médaille d'or, la seule récompense pour les appareils de sauvetage du même genre.

COPIE DU RAPPORT DU JURY DE L'EXPOSITION INTERNATIONALE DE PARIS, 1875, SUR LES APPAREILS DE SAUVETAGE DE M. GAY, DE MARSEILLE

M. Gay, de Marseille, a exposé un matelas et une ceinture de sauvetage composés d'une toile à voiles contenant des boudins flexibles en toile imperméable, remplis de copeaux de liége comprimés à la vapeur.

Un homme couché dans un hamac dans lequel est placé le matelas met **une minute** à le retirer, à s'en revêtir et à se jeter à la mer. Une fois à l'eau **trois** autres hommes, non munis d'appareils, peuvent venir s'accrocher sans le faire enfoncer sensiblement. C'est donc un groupe de **quatre** hommes sauvés par un seul appareil.

La **ceinture** est aussi excessivement pratique, se mettant très rapidement, très flexible, se prêtant à tous les mouvements du corps, laissant la liberté des mouvements et de la respiration, enfin accroissant la vitesse natatoire comparativement aux autres ceintures, et celà dû sans doute à la disposition du flotteur en boudins, entre lesquels glissent les filets d'eau ; **un** homme revêtu de la ceinture peut en maintenir **deux** autres sans ceinture.

L'homme qui a la ceinture prend facilement toutes les positions. La position normale est verticale dans l'eau, légèrement penché en arrière, le corps émergeant jusqu'au-dessous des aiselles. Toutes les expériences qui ont eu lieu au Pont-Royal, à Enghien, à Cherbourg, etc., ont démontré la **grande supériorité** du **matelas** et de la **ceinture Gay.**

C'est une véritable révolution dans les appareils de sauvetage.

Le prix de revient peu élevé, la facilité et la promptitude avec lesquels on peut s'en servir, font du matelas et de la ceinture Gay l'invention la plus pratique connue jusqu'ici et dont l'utilité incontestable saute aux yeux de tous ceux qui pensent aux nombreux sinistres qui se produisent de nos jours où les grandes vitesses des bâtiments augmentent encore les chances d'abordage.

Monsieur Gay a déjà été médaillé (médaille d'argent) par l'Institut Royal des sauveteurs de Belgique, ainsi qu'à l'Exposition de Marseille ; en conséquence, la Commision propose **Monsieur Gay pour l'obtention d'une médaille d'Or.**

Précédemment M. Gay-Hilaire avait obtenu pour ces mêmes appareils de sauvetage les récompenses suivantes :

Médaille d'Argent (Exposition de Marseille en 1875).

Médaille d'or de la Société de secours mutuels de sauvetage : Amour fraternel de Bruxelles année 1875.

En présence de pareils résultats, la consécration pratique ne s'est pas fait attendre, et déjà un certain nombre de Compagnies maritimes ont adopté les appareils Gay. La Société Centrale de Sauvetage des Naufragés, dans sa séance du 4 novembre, a décidé que 12 de ses stations en seraient munies.

De leur côté, les gouvernements étrangers témoignent de tout l'intérêt qu'ils accordent aux inventions de M. Gay ; ils n'hésitent pas à reconnaître que cet inventeur a bien mérité de l'humanité, et ils font actuellement les dernières expériences de ses appareils.

PARAGRAPHE III.

DES AVANTAGES QUE PRÉSENTENT LA CEINTURE ET LE MATELAS SAUVETEUR DE M. GAY-HILAIRE

Est-il besoin, après avoir rapporté tous ces témoignages si vrais, si spontanés, si unanimes de tant d'hommes spéciaux et éclairés, de démontrer que les engins dûs aux recherches laborieuses et intelligentes de M. Gay réalisent toutes les conditions que doivent présenter de bons appareils de sauvetage ? Nous ne le croyons pas.

Toutefois, nous ne pensons pas qu'il soit inutile de résumer tous les avantages et toutes les propriétés qu'ils possèdent.

Ainsi que l'ont établi et prouvé les rapports officiels et les appréciations désintéressés cités plus haut, la ceinture et le matelas de sauvetage de M. Gay-Hilaire :

1° Sont de construction solide sans être encombrants ;

2° Se revêtent instantanément (en 45 secondes) ;

3° Laissent la respiration libre ;

4° Ne gênent pas les mouvements des membres ;

5° Font émerger le corps en lui donnant naturellement une position verticale et légèrement inclinée en arrière, tout en facilitant les autres positions désirables ;

6° Augmentent la rapidité de la natation et la rendent malgré cela moins fatigante ;

7° Préservent des chocs l'homme qui en est revêtu ;

8° Heurtés ou avariés ne perdent pas leurs propriétés ;

9° Subissent sans être avariés une longue immersion ;

10° Leur confection est telle que les chances de réparation deviennent peu nombreuses et surtout facilement exécutables ;

11° Leur système d'attache est simple et résistant ;

12° Enfin leur prix de revient est moins élevé que celui des appareils de même nature connus ou employés jusqu'à ce jour.

Nous pensons donc avec raison que des engins offrant de telles garanties sont appelés à rendre d'immenses services à tous ceux que leur carrière, leurs occupations, leurs plaisirs exposent à affronter les hasards de la navigation ou à subir des inondations imprévues.

VI

CONCLUSION

Souhaiter que chacun des intéressés comprenne la nécessité d'être en possession pour soi ou pour les siens de moyens efficaces de sauvetage, tel est le vœu par lequel nous croyons devoir terminer cette rapide étude.

Tous les navires, petits ou grands, devraient posséder le matelas sauveteur dont le double usage peut leur rendre les plus utiles services.

Voyons encore à ce sujet ce que dit le *Journal Officiel* du 16 mai 1875 :

M. le vice-amiral Ryder, en ce moment commandant en chef la station anglaise des mers de Chine vient d'appeler encore l'attention de l'amirauté sur les grands services que pourrait rendre à bord l'adoption de *matelas garnis de liége granulé*, à la place de laine et de crin ; le liége permettant au matelas de flotter, ferait ainsi, du hamac, une véritable *petite embarcation de sauvetage*, constamment à la portée des hommes. Bien longtemps avant le désastre du *North-Fleet*, l'amiral avait demandé l'adoption de semblable matelas, pouvant supporter un poids de 120 à 130 livres et dont le prix devait varier suivant la qualité de la toile.

Que d'existences, dit l'amiral Ryder, auraient été sauvées par cet appareil si simple, quand on songe aux catastrophes des vaisseaux anglais le *Bombay*, l'*Amazone*, l'*Orphée* ; de la frégate russe perdue dans la Baltique, du *Roi-d'Italie*, de la corvette américaine perdue dans les Antilles et de cette foule de navires de commerce perdus dans le dernier hiver !

Le plus grand point à atteindre pour arriver à sauver des hommes est de leur mettre à la main des appareils aussi simples que pratiques, pouvant facilement se placer à bord ; le hamac remplit parfaitement ces conditions. Les marines, en général, n'aiment pas à faire de dépenses pour les appareils de sauvetage ; ils voient, en outre, un côté ridicule dans cette pensée ; le hamac n'a pas pour eux cet inconvénient.

Il faut bien penser qu'à tort ou à raison, les embarcations d'un navire ne peuvent pas recevoir tout l'équipage et les passagers qui s'y précipitent en masse au moment d'un danger ; elles disparaissent généralement sous le nombre.

Avec des hamacs en liége, chaque homme a son moyen de salut, qui lui permet d'attendre que les embarcations viennent le recueillir.

Les marines militaires de la Prusse et de la Russie viennent de faire une commande considérable de matelas en liége ; l'amirauté des Etats-Unis en propose l'adoption pour la marine américaine.

Il serait à désirer également que chaque embarcation de plaisance, chaque bateau de pêche possédât à bord au moins deux ceintures ou deux matelas sauveteurs. Ne voit-on pas souvent une partie de plaisir sur l'eau se terminer par une épouvantable catastrophe ?

On devrait surtout se munir de ces engins à bord des navires, bateaux ou embarcations , destinés au transport des voyageurs que leurs intérêts appellent dans les pays d'outre-mer. Nous ne saurions trop le répéter, les hasards de la navigation sont grands, il est donc sage de se prémunir à l'avance contre les accidents qui en sont trop souvent, hélas ! la malheureuse conséquence, et dans lesquels périssent non-seulement les hommes inexpérimentés dans l'art de la natation, mais encore les *marins* et les *pilotes*.

Nous ne voudrions pas multiplier les citations ; cependant, pour justifier notre insistance, nous ne pouvons nous défendre de mettre sous les yeux de nos lecteurs les comptes-rendus de nouveaux sinistres maritimes donnés par quelques journaux ;

ils démontrent d'une manière évidente que les hommes de mer plus que tous les autres, agiraient sagement en se munissant des appareils Gay.

Voici quelques-uns de ces comptes-rendus :

Petit Journal du 12 novembre 1875 :

Brest, 10 novembre 5 h. soir.

Pendant la tempête d'hier soir, la goëlette *Marie-Thérèse* s'est perdue dans le port. L'équipage, composé de neuf hommes, s'est noyé.

De Vannes, on annonce la perte de la chaloupe l'*Irma*, à 8 kilomètres au sud de l'entrée de Poudlu. Trois hommes se sont noyés; le patron a été sauvé.

A l'ouest du sémaphore de Jardheu, s'est perdue la *Maria* ; deux hommes ont encore péri.

Petit Moniteur Universel du 23 Novembre 1875 :

LA TEMPÊTE A CALAIS

On nous écrit de Calais, 20 Novembre :

La tempête qui avait cessé depuis deux jours a recommencé hier soir avec une grande violence. Vers minuit, les marins qui se trouvaient sur la jetée aperçurent à quelques centaines de mètres en mer un feu, puis une voile qui, poussée vers la côte, ne tarda pas à s'échouer. La violence des vagues était telle, que, quelques instants après, le navire était en pièces, et qu'il était de toute impossibilité de lui porter secours. C'était un navire anglais, du nom de *Fairy-Hill*, d'Aberdeau, jaugeant 250 tonneaux et ayant environ dix hommes d'équipage qui furent tous noyés.

La goëlette française *Eurydice*, de Vannes, s'est également mise à la côte cette nuit, à Sangatte, situé à 4 kilomètres ouest de Calais ; quatre hommes sur sept, formant l'équipage, ont été noyés.

Un **bateau de pêche** de Calais a été assailli à quelques mètres du bout des jetées par une vague qui lui a jeté un homme à la mer. Le paquebot, malle anglaise, en entrant la nuit dernière, au fort de la tempête, avec 140 passagers venant de Douvres, a failli perdre les quatre hommes qui étaient au gouvernail, par suite d'une énorme lame qui a balayé le pont d'un bout à l'autre. L'entrée du port de Boulogne n'étant toujours pas débloquée, quoi qu'en disent certains journaux, le paquebot de Folkestone est encore entré cette après-midi à Calais, et les voyageurs du train de marée vont s'y embarquer pour Folkestone. Le vent de nord-ouest continue à souffler en tempête.

Les populations si intelligentes et si laborieuses établies sur les bords de ces fleuves, rivières et cours d'eau, devenus malheureusement célèbres par leurs inondations, doivent-elles négliger de prendre les moyens nécessaires pour lutter avec efficacité contre les flots envahisseurs? Que de sauvetages à enregistrer, si chacune des familles qui les composent possédait une seule ceinture Gay! Pourquoi dans chacune des communes exposées à ce genre de fléau, ne verrait-on pas les municipalités en munir leurs compagnies de pompiers! En ayant soin de choisir parmi eux les meilleurs nageurs, on aurait au moment du danger des sauveteurs d'autant plus énergiques, que revêtus des appareils Gay, ils n'auraient rien à craindre, ni pour eux-mêmes, ni pour ceux qu'ils voudraient arracher à la mort.

Et les aréonautes ? Et............................

....

Nous ne finirions pas si nous voulions désigner chacun de ceux auxquels la ceinture et le matelas sauveteur seraient utiles.

Néanmoins, au sujet de ce dernier appareil, nous croyons devoir adresser un chaleureux appel aux gouvernements, aux grandes compagnies maritimes, aux armateurs, aux capitaines d'armements, etc., et surtout aux Sociétés et Instituts de Sauvetage auxquels leurs connaissances spéciales permettent d'apprécier plus facilement quels réels services il est appelé à rendre.

Le Matelas sauve................... 4 hommes.
La Ceinture grand modèle........... 3   »
    »   modèle moyen........... 2   »
    »   petit modèle........... 1   »

Serons-nous encore les derniers à profiter d'une invention française et n'en userons nous que.... retour des Indes ?

Que chacun songe à la nécessité d'être prévoyant !

Qu'il se rappelle ce vieil adage :

Aide toi, le ciel t'aidera.

A. GONARD.

Mai 1876.

P.-S. — **M. Gay** vient d'appliquer son système, d'une façon très heureuse, aux ceintures de natation employées dans les stations balnéaires ; ces ceintures pour enfants et celles forme corset pour dames sont remarquables et d'un grand secours pour l'étude de la natation.

TABLE DES MATIÈRES